Ulli Schubert

Der letzte Tag des
Johnny W.

Hase und Igel®

Für Lehrkräfte gibt es zu diesem Buch
ausführliches Begleitmaterial beim Hase und Igel Verlag.

© 2011 Hase und Igel Verlag GmbH, Garching bei München
www.hase-und-igel.de
Lektorat: Annette Huppertz
Umschlaggestaltung: Appel Grafik München GmbH
Druck: CPI – Ebner & Spiegel, Ulm

ISBN 978-3-86760-126-9
1. Auflage 2011

1. Kapitel

Als Johnny an diesem Morgen erwachte, stellte er als Erstes fest, dass es gar nicht mehr Morgen war, sondern bereits Mittag. Die Sonne stand hoch am Himmel und brannte durch das Fenster in sein kleines Schlafzimmer. Das grelle Tageslicht tat seinen Augen weh. Trotzdem erkannte er die Uhrzeit. 12:23 Uhr zeigten die blassgrünen Ziffern seines Radioweckers an, bei dem das Radio schon lange nicht mehr funktionierte. Und nun war auch noch der schnarrende Weckton defekt. Oder Johnny hatte einfach nur vergessen, den Wecker zu stellen, als er ins Bett gegangen war. Was sehr viel wahrscheinlicher war. Er wusste ja nicht einmal mehr, wie er überhaupt ins Bett gekommen war.

Egal.

Angeblich wusste er sowieso nicht allzu viel. Zumindest wurde ihm das ständig vorgehalten.

„Du weißt anscheinend nicht, wie schwer es ist, Geld zu verdienen!" – sein Vater.

„Du weißt offenbar nicht, was du dir mit deiner Einstellung alles verbaust!" – seine Lehrer.

„Du weißt wohl nicht, wie spät es ist!" – sein Nachbar. Der schien allerdings selbst nicht zu wissen, dass man gute Musik unbedingt laut hören musste. Immer und überall.

„Du weißt offensichtlich überhaupt nicht, was es heißt, Verantwortung zu übernehmen!" – alle! Immer wieder und zu jeder sich bietenden Gelegenheit.

Vielleicht stimmten all diese Vorwürfe sogar. Vielleicht dachte Johnny tatsächlich zu wenig nach. Vielleicht war er deshalb gerade dabei, sich den nächsten Ärger einzuhandeln. Um 12:23 Uhr sollte er nämlich nicht zu Hause in seinem Bett liegen, sondern in der Schule sein. Englisch bei Mrs Laumann-Matthäus, genannt die „Lau-Frau". Oder auch „The Incredible".

Johnny kniff die Augen zusammen und stöhnte leise. Ihm war übel. Kotzübel. Sein gesamter Körper war *out of order*. Der Kopf tat so heftig weh, als würde unter der Schädeldecke die Presslufthammer-Weltmeisterschaft ausgetragen. Kalter Schweiß stand auf seiner Stirn, der Mund war staubtrocken, die Zunge fühlte sich unangenehm pelzig an, in seinem linken Bein zuckte unablässig ein Muskel und seine Hände zitterten.

Am schlimmsten aber war die Übelkeit. Sein Bauch schien sich über Nacht in einen Vulkan verwandelt zu haben, der kurz vor dem Ausbruch stand, und die kochende Lava drohte alles zu zersetzen. Am liebsten hätte Johnny sich einfach nur langsam und vorsichtig auf die Seite gedreht, seinen Mund geöffnet und alles rausgelassen, was rauswollte. Doch er beherrschte sich. Nicht etwa aus Anstand oder Sorge um sein Bett. Das bestand sowieso nur aus einer einfachen Matratze auf dem Fußboden, die alt, durchgelegen und voller Brandlöcher war. Nein, Johnny wollte den Tag nur nicht damit beginnen, sein eigenes Erbrochenes aufzuwischen. Das hätte er aber tun müssen, denn er wohnte allein in der kleinen Eineinhalbzimmerwohnung.

Johnny blieb also auf dem Rücken liegen und tastete blind den Fußboden vor der Matratze ab. Manchmal stellte er vorsichtshalber einen Eimer bereit, wenn er nachts aus der Kneipe nach Hause kam. Doch so, wie er sich fühlte, war er in der vergangenen Nacht überhaupt nicht in der Lage gewesen, noch an irgendetwas zu denken.

Es war deshalb auch kein Wunder, dass seine Finger statt des ersehnten Eimers nur eine Flasche fanden, die noch mindestens zu einem Drittel voll war. Der Deckel fehlte zwar, aber das war Johnny egal. Er setzte die Flasche an und kippte die lauwarme Flüssigkeit in seinen Mund.

Der erste Schluck schien seinen ohnehin schon lädierten Magen zu zerreißen. Johnny schrie auf. Und dann hatte er plötzlich auch noch einen Zigarettenstummel im Mund! Johnny spuckte ihn sofort wieder aus, er würgte und hustete, spuckte und spuckte und spuckte … Doch es nützte nichts. Überall in seinem Mund waren Tabakkrümel, die er einfach nicht loswurde.

Mit der Flasche in der Hand erhob er sich umständlich von seinem Bett, wankte zum Bad und drehte den Wasserhahn auf. Minutenlang spülte er sich den Mund aus, gurgelte und putzte sich sogar die Zähne. Doch der bittere Geschmack auf der Zunge blieb.

Johnny hielt die Flasche hoch und starrte angewidert auf die nikotinbraune Brühe, in der immer noch mehrere Zigarettenkippen schwammen. Offenbar hatte er die Flasche in der Nacht als Aschenbecher missbraucht.

Als er sah, was er in sich hineingeschüttet hatte, bekam er es mit der Angst zu tun. Wenn man Tabak in einer Flüssigkeit auflöst und dieses Gebräu trinkt, reichen schon wenige Zigaretten, um einen Menschen zu töten. Das hatte er vor einiger Zeit in einem Krimi gesehen. Er sank vor der Toilettenschüssel auf die Knie, als wäre sie ein Altar, und würgte alles heraus, was sich in seinem Magen befand. Gerade noch rechtzeitig.

Dabei hatte er eine Woche zuvor noch laut gelacht, als ihm jemand prophezeite, dass er sich eines Tages totsaufen würde. „Na und, wen interessiert's?", hatte Johnny nur gesagt und sich den nächsten Drink bestellt. Und jetzt hatte er sich tatsächlich fast umgebracht. Etwas anders zwar, als der Typ es gemeint hatte, aber das spielte keine Rolle. Tot ist tot. Egal, ob durch zu viel Alkohol oder zu viel Nikotin.

Abrupt erhob sich Johnny. Die Kopfschmerzen, die zitternden Hände und der immer noch nicht versiegte Lavastrom in seinem Bauch genügten ihm vollkommen, um sich elend zu fühlen. Auf die Angst davor, sich womöglich selbst vergiftet zu haben, hätte er deshalb sehr gut verzichten können.

Er rollte einen halben Meter Toilettenpapier ab, wischte sich damit erst über den Mund und reinigte anschließend den Toilettensitz. Dann warf er das Papier ins Klo, drückte die Spültaste und beobachtete, wie es zusammen mit dem Erbrochenen weggespült wurde. Er zwang sich, ruhig zu bleiben und auf gar keinen Fall weiter nachzudenken.

„Wird schon gut gehen", sagte er laut zu sich selbst. „Es war doch nur ein winziger Schluck, und davon habe ich das meiste bestimmt wieder …"

Johnny stockte. Er stand vor dem Waschbecken, um sich erneut den Mund auszuspülen und die Zähne zu putzen. Plötzlich, mitten im Satz, hatte er das Blut entdeckt. Dunkelrotes, getrocknetes Blut! Es klebte überall – in seinem Gesicht, in den Haaren, auf dem T-Shirt, an den Händen. Johnny öffnete den Mund, um zu schreien, aber es kam kein einziger Ton über seine Lippen.

Drei, vier, fünf Sekunden dauerte die Schockstarre, dann geriet er in Panik. Hektisch riss er sich das verdreckte T-Shirt und die Unterhose vom Leib und suchte seinen ganzen Körper ab. Er bemerkte einige blaue Flecken, der rechte Arm und sein Hintern taten weh. Doch so sehr er auch suchte, er konnte keine einzige Wunde finden! Es gab keinen Zweifel, das Blut stammte nicht von ihm.

Diese Erkenntnis traf Johnny wie ein rechter Haken von Wladimir Klitschko. Angeknockt taumelte er aus dem Bad. Im Flur blieb er stehen und blickte sich um. Als hätte ihm der Schock die Augen geöffnet, sah er seine kleine Wohnung auf einmal genau so, wie sie wirklich war: komplett verdreckt und zugemüllt. Vor dem Kleiderschrank im Schlafzimmer lag ein riesiger Haufen Dreckwäsche, überall standen volle Aschenbecher, Kippen lagen auf dem schmutzigen Teppich, die Matratze und die Bettwäsche waren so dreckig, dass sich sogar ein Schwein dafür geschämt hätte. In der Küche türmte sich das schmutzige Geschirr. Dazwischen lagen leere Pizzakartons und verschimmelte Essensreste, und überall standen leere Flaschen herum. Die Tür zum Wohnzimmer war geschlossen. Aber Johnny wusste, dass es darin ebenfalls so aussah, als hätte eine Bombe eingeschlagen.

Er war entsetzt, angeekelt von sich selbst.

„So geht das nicht weiter", murmelte er leise vor sich hin und ging, nackt wie er war, in die Küche. Sie lag nach hinten, zum Garten hinaus. Das Haus gegenüber war keine zwanzig Meter entfernt. Johnny wusste, dass dort eine ältere Frau wohnte, die gern auf ihrem Balkon saß oder aus dem Fenster schaute. Auch der Mann, der in der

Wohnung schräg über ihr lebte, war tagsüber oft zu Hause. Beide konnten ungehindert in Johnnys Küche hineinsehen, aber das war ihm egal.

Es hatte ihn wochenlang nicht gestört, dass die Nachbarn ihm dabei zusehen konnten, wie er seine Küche zumüllte. Warum also sollte er sich ausgerechnet jetzt darüber Gedanken machen, dass sie ihn nackt sehen konnten? Schließlich hatte er gerade andere Probleme. Zum Beispiel, dass sie ihn nackt *und* blutverschmiert sehen konnten! Wie war das Blut an seinen Körper gekommen? Und warum?

Johnny versuchte nachzudenken. Aber die Erinnerungen an die gestrige Nacht waren tief in einem dunklen Loch vergraben. Solange ihn der Kater daran hinderte, sich zu konzentrieren, war es nahezu unmöglich, sie wieder hervorzuholen. Also beschloss Johnny, erst einmal nüchtern zu werden. Beziehungsweise katerfrei.

Er spülte die Kaffeekanne oberflächlich aus und füllte sie zur Hälfte mit Wasser. Doch dann überlegte er es sich anders und machte die Kanne erst einmal richtig sauber. Mit heißem Wasser und Spülmittel. Er reinigte sogar den Filter und die gesamte Kaffeemaschine, zumindest äußerlich. Erst dann setzte er einen starken Kaffee auf und ging zurück ins Bad, um sich zu waschen. Und wie bei der Kaffeekanne wollte er sich auch bei sich selbst nicht mit halben Sachen zufriedengeben. Entschlossen drehte er die Dusche auf.

Johnny ließ das Wasser auf seinen Körper prasseln. Er wusch sich die Haare und schäumte sich von oben bis unten ein. Das fremde Blut löste sich und verschwand im Abfluss. Johnny begann, die Dusche zu genießen. Die blauen Flecken taten zwar weh, wenn er sie aus Versehen berührte, und den rechten Arm konnte er nicht richtig bewegen. Aber davon ließ er sich nicht stören. Er beschloss sogar, sich zu rasieren, obwohl seine Hände immer noch ein wenig zitterten. Prompt schnitt er sich in die Wange. Das Wasser und das Duschgel brannten in der Wunde. Johnny verzog das Gesicht, aber er machte weiter. Allerdings etwas vorsichtiger.

Er duschte ungefähr eine halbe Stunde lang, bevor er mit einem wohligen Seufzer das Wasser abdrehte. Es war ein gutes Gefühl, sauber und glattrasiert zu sein, und Johnny fand es richtig schade, sich mit dem alten, schon mindestens hundertmal benutzten Handtuch abtrocknen zu müssen. Er tat es trotzdem, nahm das feuchte

Handtuch dann aber mit in sein Schlafzimmer und warf es zu der übrigen Schmutzwäsche.

„Ich müsste wohl mal wieder zum Waschcenter gehen", sagte er mit einem Blick auf den riesigen Wäschehaufen. Wie nötig das tatsächlich war, wurde ihm allerdings erst bewusst, als er die Türen des Kleiderschranks öffnete. Zwei, drei Paar saubere Socken besaß er noch, ein T-Shirt, das ein paar Löcher hatte, und zwei potthässliche Hemden – aber keine Jeans und keine einzige Unterhose. Abgesehen von einem Dreierpack Stringtangas, das ihm Mara, seine letzte Freundin, geschenkt hatte.

„So etwas ziehe ich nicht an", hatte er zu ihr gesagt.

„Aber wenn ich so etwas trage, findest du es toll."

„Das ist doch etwas ganz anderes."

„Ich mag Männer in Stringtangas."

„Vergiss es!"

„Schade."

Kurz darauf hatte sie mit ihm Schluss gemacht. Das war jetzt etwas mehr als fünf Monate her, und seitdem lag die Packung im Schrank. Ungeöffnet.

Johnny zog eines der hässlichen Hemden an, nahm ein Paar Socken aus dem Schrank und durchwühlte den Wäschehaufen nach einer Jeans. Er fand tatsächlich eine, die noch einigermaßen passabel aussah. Die Unterhosen konnte er dagegen komplett vergessen. Es gab keine einzige in dem riesigen Haufen, die annähernd so sauber gewesen wäre, dass er sie noch einmal hätte anziehen wollen.

Und jetzt? Johnny war klar, dass es nur zwei Möglichkeiten gab: Entweder zog er gar keine Unterhose an oder einen Stringtanga.

Es dauerte nur ein paar Sekunden, bis er sich entschieden hatte. Ergeben ging er zurück zum Schrank, öffnete die Packung, schnitt die Waschanleitung heraus, die fast größer war als das Stückchen Stoff, an dem sie befestigt war, und zog den String an.

Er passte. Immerhin. Und das Tragegefühl war gar nicht so übel, wie Johnny gedacht hatte. Trotzdem fühlte er sich nicht wohl. Es war wie eine Erniedrigung, dass er diesen Stringtanga jetzt doch trug – fünfeinhalb Monate nach der Trennung von Mara. Und außerdem war ihm immer noch ziemlich schlecht.

„Vielleicht hilft ein Kaffee", sagte Johnny zu sich selbst und ging in die Küche. Als ob es schon zur Gewohnheit geworden wäre, spülte er einen Becher, schenkte sich einen Kaffee ein, goss ein bisschen Milch dazu, setzte sich an den zugemüllten Tisch und begann nachzudenken …

2. Kapitel

Der Kaffee wirkte tatsächlich. Er räumte zwar nicht die Wohnung auf, wusch keine Klamotten und brachte auch Mara nicht zurück. Aber immerhin ließen die Kopfschmerzen und die Übelkeit etwas nach. Das Zittern der Hände und die innere Unruhe wurden dagegen noch stärker. Johnny war nervös, er schwitzte und fror zugleich – und er hatte Schmerzen. Überall. Kein Wunder, bei den vielen blauen Flecken.

Johnny schloss die Augen und sah sofort wieder sein Spiegelbild und das fremde Blut an seinem Körper vor sich. Es war eindeutig, dass in der vergangenen Nacht etwas Schreckliches passiert war. Offensichtlich hatte er sich mit jemandem geprügelt. Aber warum? Wo? Und mit wem?

Plötzlich läutete es an der Tür. Johnny zuckte zusammen. Er hatte keine Ahnung, wer das sein konnte. Wenn überhaupt einmal jemand bei ihm klingelte, dann war es ein Nachbar, der sich über irgendetwas beschwerte. Oder der Postbote, der bei ihm ein Paket zwischenlagern wollte. Johnny nahm die Sendungen nie an. Er wollte mit den Nachbarn nichts zu tun haben.

Als Johnny gerade eingezogen war, hatte sein Vater ihn zwei- oder dreimal besucht. Allerdings nicht aus Interesse oder um seinem Sohn eine Freude zu machen, sondern um ihn zu kontrollieren. Genau davor war Johnny ein halbes Jahr zuvor geflohen. Es dauerte deshalb auch nie lange, bis die beiden sich wieder stritten. Doch im Unterschied zu früher befanden sie sich jetzt in Johnnys Wohnung. Sein Vater bezahlte zwar die Miete, aber es war und blieb Johnnys Zuhause. Er allein konnte bestimmen, wer sich in seiner Wohnung aufhalten durfte und wer nicht. Sein Vater gehörte eindeutig nicht dazu!

Der letzte Streit lag ungefähr fünf Monate zurück. Seitdem hatten sie sich nicht mehr gesehen und nur ab und zu miteinander telefoniert. Johnny fand das vollkommen in Ordnung. Hauptsache, sein Vater überwies ihm an jedem Monatsersten das Haushaltsgeld. Kohle – mehr wollte er nicht von ihm.

Natürlich reichte das Geld hinten und vorne nicht. Spätestens am 15. des Monats war Johnny regelmäßig pleite. Zum Glück hatte sein Vater darauf bestanden, die Miete und die Nebenkosten direkt von seinem Konto abbuchen zu lassen.

Johnny hätte das Geld sonst bestimmt für etwas anderes ausgegeben und wäre inzwischen entweder hoch verschuldet oder längst aus der Wohnung geflogen. Oder beides.

Es läutete erneut.

Und wenn es die Polizei ist, die zu mir will?, dachte Johnny und spürte wieder das fremde Blut auf seiner Haut. Wenn er nur wüsste, was in der vergangenen Nacht geschehen war! Doch er war immer noch nicht in der Lage, ruhig und konzentriert darüber nachzudenken.

Für ein paar Augenblicke überlegte er, ob er sein Heil nicht besser in der Flucht suchen sollte. Rein vorsichtshalber. Allerdings lag seine Wohnung im dritten Stock, und an seinem Balkon gab es keine Notleiter, die hinunter in die Freiheit führte. Und selbst wenn er irgendwie entkommen konnte: Wo oder bei wem sollte er untertauchen? Ihm fehlte einfach alles, was man für eine längere Flucht brauchte: Geld, Mut – und natürlich saubere Klamotten, die er schnell in eine Reisetasche stopfen und mitnehmen konnte. Andererseits wäre es natürlich extrem cool, mit einem Riesenkorb voller Dreckwäsche das Haus durch die Hintertür zu verlassen, während vorne die Polizisten auf ihn warteten. Im Waschcenter würden sie ihn ganz bestimmt nicht vermuten.

Wenn sie ihn denn überhaupt suchten ...

Als es zum dritten Mal läutete, ging Johnny zur Tür. Allein schon wegen der Nachbarn. Es war ihm zwar grundsätzlich egal, was die von ihm dachten. Aber dass er Besuch von der Polizei bekam, sollten nun doch nicht unbedingt alle mitbekommen. Es waren jedoch gar keine Polizisten, die mit schweren Schritten die drei Stockwerke hochgestapft kamen, sondern ...

„Saskia?", sagte Johnny erstaunt. Er hatte die Sicherheitskette eingehakt und die Tür nur einen Spaltbreit geöffnet. „Was willst du denn hier?"

„Du warst heute nicht in der Schule", sagte das Mädchen. „Zum siebten Mal in diesem Monat. Dabei haben wir nicht mal den Zwanzigsten!"

„Wow", machte Johnny spöttisch. „Du zählst mit, wie oft ich fehle?"

„Nein, ich zähle mit, wie oft du da bist", entgegnete Saskia. „Das ist einfacher. Mit großen Zahlen habe ich es nämlich nicht so."

Johnny lächelte.

„Guter Konter. – Nun sag schon, was du willst. Hat die Lau-Frau mich etwa vermisst?"

„Nein, ich. Ich meine … also …" Saskia wurde rot. Sie war weder besonders hübsch noch extrem hässlich, nicht fett, aber auch nicht dürr, weder superschlau noch dumm wie ein Vollpfosten, nicht die Beliebteste in der Klasse, aber auch keine Außenseiterin. Im Sportunterricht wurde sie meistens als Zwölfte oder Dreizehnte in eine Mannschaft gewählt. Saskia war Mittelmaß, in jeder Hinsicht. Immer nur dabei, nie mittendrin.

„Saskia?"

„Lässt du mich rein?"

Johnny schüttelte den Kopf. Sie sollte weder ihn noch seine Wohnung zu Gesicht bekommen. Niemand sollte das. Nicht in diesem Zustand.

„Mir geht es nicht gut", sagte er leise.

„Das sehe ich. Hast du getrunken?"

„Und wenn? Was geht dich das an?"

„Nichts", beeilte sich Saskia zu sagen. „Gar nichts. Entschuldige. Ich dachte nur … also … falls ich dir irgendwie helfen kann …"

„Du? Mir?" Johnny lachte. Allerdings nur kurz, und auch nicht besonders fröhlich. Er wusste durchaus, dass es nicht übermäßig nett war, einen Menschen auszulachen, der sich Sorgen um einen machte.

Doch Saskia war hart im Nehmen.

„Na dann", sagte sie mit einem Schulterzucken. „Du weißt ja, wo ich wohne, wenn du mal jemanden brauchst. Zum Reden …" Sie ließ ihren Blick an ihm herunterwandern. Durch den schmalen Spalt konnte sie zwar kaum etwas von ihm sehen, aber das bisschen genügte offenbar schon. „Oder von mir aus auch nur, um deine Klamotten zu waschen."

Johnny rang sich ein gequältes Grinsen ab. „Und was sagen deine Eltern dazu?"

„Nichts. Erstens sind sie meistens sowieso nicht da, und zweitens finden sie es gut, wenn ich anderen Menschen helfe."

„Ach so?" Johnny gefiel nicht, wie sie über ihn dachte. Er kam sehr gut alleine klar! Und das sagte er ihr auch.

„Ja, natürlich", meinte Saskia. „Es ist auch nur ein Angebot."

Sie lächelte ihm zu, drehte sich um und ging.

Johnny atmete tief durch, schloss die Tür und ließ seinen Kopf gegen den Türpfosten sinken. Verdammt, jetzt machte sich schon jemand wie Saskia Sorgen um ihn! War es so offensichtlich, dass er Hilfe brauchte? Und wenn das so war, wieso bot ausgerechnet sie ihm welche an? Mochte sie ihn etwa? Und wenn sie ihn mochte – konnte er sich dann selbst noch leiden? Mochte er sich? War das überhaupt möglich, so, wie er schon seit Monaten lebte? Planlos, ziellos und so gut wie nie nüchtern?

Obwohl, planlos war er eigentlich nicht. Jedenfalls nicht in allen Bereichen seines Lebens. Er hatte nämlich einige ziemlich gute Tricks auf Lager, wie er umsonst an Alkohol kommen konnte. Oder wenigstens günstig. Wenn ihn nicht alles täuschte, hatte er einen seiner besten Tricks auch in der vergangenen Nacht angewendet.

He, endlich eine Spur! Aufgeregt ging Johnny zurück in die Küche, schenkte sich einen Kaffee ein und versuchte erneut, sich zu erinnern.

Irgendwann am Abend war er losgezogen. Vielleicht in den *Irrgarten*, oder in die *JuLeKa*, eine Kneipe, deren Name aus den Anfangsbuchstaben der Vornamen der drei Inhaber gebildet worden war. Julia, Leon und Karol. Er könnte allerdings auch in die *Unsinkbar* gegangen sein.

Egal.

Johnny hatte jedenfalls sein letztes Geld zusammengekratzt und sich einen Whisky-Cola bestellt.

So begannen seine Absturzabende immer. Mit Whisky-Cola, seinem Lieblingsgetränk, das ihm in den Kneipen den Spitznamen Johnny W. eingebracht hatte. W. wie Walker, Johnny Walker. Mit dem Glas in der Hand setzte er sich an den Tresen und wartete, bis der Richtige kam. Ein echtes Opfer. Einer, der schon etwas angetrunken war, aber so aussah, als wäre er von seiner Trinkfestigkeit überzeugt. Solche Typen quatschte Johnny an, verwickelte sie in ein Gespräch und schlug ihnen schließlich ein Trinkspiel vor, dessen Regeln denkbar einfach waren: Beide Mitspieler mussten gleichzeitig trinken. Was, das bestimmten sie abwechselnd. Es mussten auf jeden Fall alkoholische Getränke sein und beide Mitspieler mussten immer das Gleiche trinken. Und zwar so lange, bis der Erste vom Hocker fiel. Derjenige hatte dann das Spiel verloren und musste die gesamte Zeche bezahlen.

Mit diesem Spiel hatte Johnny sich schon an vielen Abenden und in einigen Kneipen kostenlos die Kante gegeben. Er gab sich immer Mühe, angetrunken zu wirken, und er sah auf den ersten Blick auch nicht so aus, als ob er viel vertragen würde. Deshalb fand er eigentlich immer einen

Dummen, der sich auf das Wettsaufen mit ihm einließ. Die Wirte hatten in der Regel nichts dagegen, wenn Johnny auf diese Weise andere Gäste ausnahm. Schließlich sorgte er für einen guten Umsatz. Der war im Laufe der Zeit sogar noch gestiegen. Denn je mehr und je öfter Johnny trank, desto mehr vertrug er.

Eigentlich sollte ich Provision verlangen und Profitrinker werden, dachte Johnny. Obwohl er die Idee ganz lustig fand, lachte er nicht. Im Gegenteil, ihm war zum Heulen zumute. Sein Leben war eine beschissene Sackgasse, an deren Ende jetzt vielleicht sogar der Knast auf ihn wartete. Nicht wegen des Wetttrinkens, das war ja nicht verboten. Aber an mehr, als dass er am gestrigen Abend in irgendeiner Kneipe gewesen war und dort höchstwahrscheinlich ein Wettsaufen veranstaltet hatte, konnte er sich immer noch nicht erinnern. Wo war er in der letzten Nacht gewesen? Mit wem? Von wem stammte das Blut auf seinem Körper? Woher kamen die blauen Flecken? Warum tat sein rechter Armt so weh? War er verprügelt worden? Hatte er jemanden zusammengeschlagen? Hatte er vielleicht sogar jemanden … umgebracht?!

Johnny schüttelte den Kopf, obwohl das seinem schmerzenden Schädel überhaupt nicht guttat. Er konnte sich einfach nicht vorstellen, dass er einen Menschen verletzt haben könnte. Dafür war er nicht der Typ. Auch nicht, wenn er betrunken war.

Oder etwa doch?

Johnny zermarterte sich das lädierte Hirn. Aber weiter als bis zu dem Augenblick, als er seine Wohnung verlassen und die Straße betreten hatte, kam er auch diesmal nicht – und das machte ihn langsam wütend.

„So geht das nicht weiter!", sagte er laut vor sich hin. Er versuchte, sich selbst davon zu überzeugen, dass es höchste Zeit war, sein Leben zu ändern. „Ich höre mit dem Trinken auf! Ich gehe wieder regelmäßig zur Schule! Ich räume die Wohnung auf und wasche alle Klamotten! Und ich finde heraus, was gestern Abend passiert ist!"

Das waren gleich vier Ziele auf einmal. Johnny war sofort klar, dass er sich damit überforderte. Er schaffte es ja noch nicht einmal, festzulegen, wann er was erledigen wollte.

Am besten wäre es natürlich, zuerst mit dem Trinken aufzuhören. Die Chancen dafür standen nicht schlecht, denn momentan hatte er weder

Alkohol im Haus, noch besaß er genügend Kohle, um sich neuen zu besorgen. Wenn er es schaffte, für längere Zeit nüchtern zu bleiben, konnte er sogar wieder regelmäßig zur Schule gehen. Das war ein guter Plan. Andererseits wäre es natürlich auch ganz schön, das neue Leben in einer aufgeräumten und geputzten Wohnung zu beginnen. Und mit sauberen Klamotten. Genau. Mit dem Waschcenter wollte er anfangen. Aber das kostete Geld, und zwar nicht zu knapp. Vielleicht könnte er fünfzig oder hundert Euro von seinem Vater bekommen. Er würde einfach behaupten, dass er das Geld brauchte, um seine Wohnung zu renovieren. Aber sein Vater würde mit Sicherheit darauf bestehen, dass Johnny erst einmal mit dem Trinken aufhörte – womit er mit seinen Gedanken wieder am Anfang war.

„Na toll", stöhnte er genervt, zwang sich aber sofort wieder, sich auf seine Pläne zu konzentrieren. Eines war klar: Wenn er sein Leben ändern wollte, brauchte er Kohle. Aber woher nehmen, wenn nicht stehlen?

Er versuchte, sich gegen den Gedanken zu wehren. Doch er wurde immer größer und verdrängte alle anderen Ideen. Bis Johnny schließlich nur noch an eines denken konnte: Warum eigentlich nicht stehlen?!

Johnny erschrak. Er hatte noch nie etwas geklaut, außer drei- oder viermal ein paar kleine Flaschen Korn oder Wodka-Feige. Einmal hatte er „vergessen", in einer Kneipe seine Rechnung zu bezahlen. Aber Geld hatte er noch nie gestohlen. Abgesehen von ein paar Münzen aus dem Portemonnaie seines Vaters.

Johnny schüttelte den Kopf. Diebstahl war verboten und er wollte damit gar nicht erst anfangen. Er kannte ein paar Typen, die ihren Alkoholkonsum durch Klauen finanzierten. Jeder Einzelne von ihnen war Johnny extrem unsympathisch. So wie die wollte er auf gar keinen Fall werden!

Doch Johnny wollte das Geld ja nicht stehlen, um weiterzusaufen, sondern um damit aufzuhören. Das war ein riesiger Unterschied. Er würde es nur ein einziges Mal tun. Nur ein kleiner Überfall, dann konnte sein neues Leben beginnen!

Johnny begann zu träumen: von einer aufgeräumten Wohnung, einem Schrank mit neuen und sauberen Klamotten, einem Schulabschluss und einem Leben ohne Alkohol, aber dafür mit Mara …

3. Kapitel

Irgendwann am frühen Nachmittag hatte Johnny genug davon, von einem anderen, besseren Leben nur zu träumen. Er war bereit, alles dafür zu tun, um seine Träume Wirklichkeit werden zu lassen, und machte sich auf den Weg. Natürlich wollte er keine Bank überfallen, er war ja nicht verrückt. Eine Spielhalle oder ein Supermarkt kamen dagegen schon eher infrage. Vielleicht auch ein kleiner Kiosk. Schließlich brauchte er nicht mehr als ein paar hundert Euro, um all seine Ideen und Pläne verwirklichen zu können. Er hatte auch schon einige Läden im Hinterkopf, die dafür wie geschaffen waren.

Bevor er jedoch den Überfall begehen konnte, musste er sich erst noch eine Flasche mit Hochprozentigem besorgen. Sein Körper brauchte dringend Nachschub. Johnny hatte Schmerzen und seine Hände zitterten. Außerdem musste er sich Mut antrinken. Nüchtern war er ja noch nicht einmal in der Lage, ein Kleinkind auszurauben!

Johnny erschrak. War etwa genau das in der vergangenen Nacht passiert? Hatte sein schöner Wettsauftrick diesmal nicht funktioniert? Hatte er deshalb jemanden überfallen, um die Zeche bezahlen zu können?

„Nein! Nein, nein, nein! Das kann nicht sein!“, schrie Johnny und rannte los in Richtung U-Bahn-Station. Die Leute blickten ihm nach, einige lachten sogar über ihn. Aber das war ihm egal. Sollten sie doch lachen. Wer zuletzt lacht, lacht am besten. Und der Letzte, das würde er sein. Nachher, wenn er es geschafft hatte. Wenn er das Startkapital für sein neues Leben in den Händen hielt!

Johnny fuhr ein paar Stationen mit der U-Bahn und stieg in einem anderen Stadtteil wieder aus. Vor zwei Jahren war er ein einziges Mal hier gewesen. Damals hatte er noch Fußball gespielt, als rechter Außenverteidiger bei Grün-Weiß. Es war ein Auswärtsspiel gewesen. Johnny hatte nicht besonders gut gespielt, sein direkter Gegenspieler hatte zwei Tore erzielt. Vielleicht sogar drei, so genau konnte sich Johnny nicht mehr erinnern.

Umso genauer erinnerte er sich dafür an den kleinen Getränkemarkt in unmittelbarer Nähe des Sportplatzes. Damals hatte dort ein alter Mann gearbeitet. Johnny wollte sich nach dem Spiel ein Bier kaufen, aber der Alte hatte darauf bestanden, dass Johnny seinen Ausweis vorzeigte.

Da er ihn nicht dabeihatte, musste er sich mit einer Cola zufriedengeben.

Obwohl es für Johnny damals noch kein Problem gewesen war, auf das Bier zu verzichten, hatte er sich gedemütigt gefühlt. Wie nach einer sehr heftigen Niederlage. Kurze Zeit später war er aus dem Verein ausgetreten.

Als Johnny den U-Bahnhof verließ, musste er sich erst einmal auf dem Stadtplan orientieren, der am Ausgang ausgehängt war. Aber schon bald kam ihm die Gegend wieder vertraut vor. Er fand den Weg zum Sportplatz und war seltsam aufgeregt, als er schon von Weitem den kleinen Getränkeladen entdeckte. Es gab ihn also noch. Johnny hoffte, dass auch der Alte dort noch arbeitete – und zwar allein, so wie damals. Er war schließlich kein routinierter Ladendieb.

Der Plan war denkbar einfach: Johnny wollte in den Laden gehen, irgendeine Flasche aus dem Regal nehmen und sich damit in die hinterste Ecke verziehen. Dort wollte er so viel trinken, bis das Zittern und die Unruhe verschwunden waren und er den Mut hatte, eine oder zwei weitere Flaschen einzustecken. Dann wollte er den Laden ganz cool wieder verlassen. Die Wahrscheinlichkeit, dabei erwischt zu werden, war relativ gering. Und selbst wenn er gestellt werden würde, brauchte er vor einem alten Mann keine Angst zu haben.

Er hatte Glück, endlich einmal. Es war tatsächlich der Alte von damals, der hinter der Kasse neben dem Eingang saß und Zeitung las. Er hob nicht einmal den Kopf, als Johnny den kleinen Laden betrat. Zielstrebig ging Johnny in eine der hinteren Reihen. Während er langsam am Regal entlangschlich, ließ er seinen Blick über die Flaschen wandern.

Bei den teuren Marken hielt er sich gar nicht erst lange auf. Die Flaschen waren entweder leer oder mit einer Ersatzflüssigkeit gefüllt. Nachdem man bezahlt hatte, wurden sie an der Kasse gegen das Original ausgetauscht. Das kam für Johnny natürlich nicht infrage. Außerdem war er davon überzeugt, dass er das teure Zeug sowieso nicht mögen würde. Das war etwas für die Reichen, die damit ihre Cocktails mixten oder nach einem guten Geschäftsabschluss, der sie noch reicher machte, ihre Geschmacksnerven benetzten. Johnny hatte noch nicht einmal den Mietvertrag für seine Wohnung selbst unterschrieben! Und seine Geschmacksnerven hatten sich schon längst an den billigen Alkohol gewöhnt. Wenn er überhaupt noch Geschmacksnerven hatte. Der teure Stoff war also eindeutig nichts für ihn.

Betont unauffällig ging er weiter zu den günstigeren Angeboten. Die innere Unruhe wurde immer stärker und der Vulkan begann schon wieder glühende Lava zu spucken. Johnny verzog das Gesicht, hielt sich mit der rechten Hand am Regal fest und presste die linke auf seinen Bauch, der sich unter den heftigen Schmerzen krampfhaft zusammenzog.

„Alles in Ordnung dahinten?", hörte er die Stimme des alten Mannes fragen. Sie klang viel kräftiger, als Johnny es erwartet hatte. Plötzlich hatte er Angst, dass sein schöner Plan schiefgehen könnte. Wenn er jetzt erwischt würde, hätte er noch nicht einmal gegen den Greis eine Chance!

„Hallo?", rief der Alte. Kurz darauf waren schlurfende Schritte zu hören, die sich langsam näherten.

Johnny geriet in Panik.

„Alles … alles okay!", presste er stöhnend hervor, allerdings viel zu leise.

Der Alte kam immer näher. Vielleicht noch drei oder vier Schritte, dann würde er hinter dem Regal auftauchen! Johnny riskierte alles. Mit zitternden Händen griff er nach irgendeiner Flasche, zog sie aus dem Regal, drehte den Schraubverschluss ab und …

„Das würde ich an deiner Stelle nicht tun!" Die Stimme des Alten klang eisig und schneidend.

Johnnys Kopf zuckte hoch. Er starrte den alten Mann an, der mit einer Baseballkeule bewaffnet am Ende des Gangs stand und ihm den Weg versperrte. Dann blickte er auf die volle Flasche Rum in seinen Händen.

„Denk nicht mal dran!", drohte der Alte.

Doch Johnny war schon längst nicht mehr dazu in der Lage, irgendetwas zu denken. Er brauchte dringend Alkohol. Alles andere war egal. Entschlossen setzte er die Flasche an.

„Du miese kleine Ratte!" Mit erhobener Baseballkeule ging der alte Mann auf Johnny zu. Langsam, aber ohne zu zögern. Der erste Schlag verfehlte nur knapp Johnnys Kopf. Erschrocken heulte er auf, als er den Luftzug spürte. Trotzdem ließ er die Flasche nicht los, sondern nahm hastig einen großen Schluck Rum. Der erste Alkohol an diesem Tag brannte auf der Zunge, im Mund, in der Speiseröhre und entflammte schließlich sogar den Magen. Johnny stöhnte.

„Wenn du das Zeug nicht verträgst, warum klaust du es dann?", schrie der Alte ihn an. Er lachte meckernd, holte aus und schlug erneut zu. Und diesmal traf er.

Johnny spürte zuerst einen dumpfen Schlag, dann sah er einen Blitz und kurz darauf fegte eine Schmerzwelle wie ein Tsunami durch seinen ganzen Körper. Bevor er überhaupt begriffen hatte, was mit ihm geschah, lag er auch schon am Boden, krümmte sich vor Schmerz und wälzte sich in einer Lache aus billigem Rum und Glassplittern.

Der Alte baute sich vor ihm auf, stützte sich auf seine Baseballkeule, sah verächtlich auf ihn herab, spuckte aus und verfehlte Johnny dabei nur um wenige Zentimeter.

„So, du Penner", zischte er. „Hast wohl geglaubt, mit 'nem alten Mann kann man es machen, was? Aber da hast du dich getäuscht, mein Freund! Es haben schon ganz andere Leute versucht, den alten Harry zu bestehlen. Und das waren echte Kerle, nicht solche Waschlappen wie du. Aber bisher hat es noch keiner geschafft. Ich hab sie alle mit meiner Keule aus dem Laden geprügelt. Und das werde ich jetzt auch mit dir tun. Na los, Drecksack, steh auf!"

Der Alte versetzte Johnny einen Tritt in die Seite. Johnny jaulte auf wie ein gequälter Hund. Und genau so fühlte er sich auch.

„Wird's bald?!" Der Alte hob drohend die Baseballkeule.

„Nein … bitte … nicht", stammelte Johnny. Er zitterte am ganzen Körper – und diesmal nicht nur, weil ihm der Alkohol fehlte. Er hatte Angst. Der Alte stand mit erhobener Baseballkeule über ihm. Wenn er wollte, konnte er ihn totschlagen, und Johnny konnte sich nicht einmal dagegen wehren.

„Ich hab gesagt, dass du aufstehen sollst, du Penner!", schrie der Alte. In seinen Augen blitzte die Mordlust. Die Baseballkeule zuckte …

„Harry! Bist du verrückt geworden?!"

Johnny sah einen Schatten und kurz darauf eine Hand, die den Baseballschläger packte und festhielt. Er war so erleichtert, dass er anfing zu heulen. Dabei war er noch nicht einmal in Sicherheit.

„Lass mich los, Simon!", begann der Alte loszukreischen. „Ich hab die Mistkröte beim Klauen erwischt. Auf frischer Tat! Es ist Notwehr, wenn ich ihn totschlage!"

„Red keinen Quatsch, Harry", sagte der Mann, den der Alte Simon genannt hatte. Er war Mitte dreißig, kräftig gebaut und deutlich bemüht, die Situation zu entspannen. „Wir sind hier nicht in den USA. Dort darfst du vielleicht jemanden töten, wenn er nur dein Eigentum bedroht und nicht dein Leben. Aber hier nicht!"

„Er hat mich doch bedroht!"

„Kann sein. Aber jetzt tut er es nicht mehr. Jetzt liegt er wehrlos am Boden und zittert um sein Leben. Mensch, Harry, komm wieder runter. Du willst doch nicht wegen einer billigen Flasche Korn zum Mörder werden."

„Rum", sagte der Alte. „Es war Rum, die Flasche für 7,95!"

„Und dafür willst du einen jungen Menschen töten?"

„Das ist kein Mensch, das ist Abschaum! Sieh ihn dir doch an, diesen … Penner!"

„Das ist kein Penner, sondern eine ganz arme Sau. Lass ihn laufen, Harry."

„Niemals! Der Mistkerl hat mich beklaut!"

„Okay." Der jüngere Mann zückte sein Portemonnaie, nahm einen Fünfeuroschein heraus und hielt ihn dem Alten entgegen. „Mehr hat die

Flasche im Einkauf sicher nicht gekostet. Nimm das Geld und lass den Jungen gehen. Der ist doch fertig."

Der Alte starrte auf den Schein, sah hinunter zu Johnny und nahm schließlich das Geld.

„Okay, hau ab. Und lass dich hier nie wieder blicken, verstanden?"

Johnny nickte. Er konnte kaum glauben, dass er ungeschoren davonkommen sollte. Okay, vollkommen unversehrt war er nicht. Die Stelle, an der der Alte ihn getroffen hatte, tat ziemlich weh. Aber die Schmerzen waren auszuhalten. Viel schlimmer war die Angst, die er ausgestanden hatte. Er hatte sich schon im Grab gesehen – oder im Knast. Es war ein Wunder, dass er sich nicht vor lauter Schiss in die Hosen gepinkelt hatte!

„Kannst du alleine aufstehen?", fragte Simon.

Johnny versuchte es. Er rollte sich vorsichtig auf die rechte Seite, stützte sich mit der Hand ab und wollte seinen Oberkörper in die Höhe drücken. Doch plötzlich spürte er einen höllischen Schmerz. Er ließ sich zurück auf den Boden sinken und starrte auf seine Hand. In der Innenfläche klaffte eine tiefe Wunde. Er hatte sich genau auf einer Scherbe abgestützt und blutete so heftig, dass der Alte bestimmt seine helle Freude daran gehabt hätte.

„Oha, das sieht aber nicht gut aus", meinte Simon. „Brauchst du einen Arzt?"

Was ich brauche, liegt neben mir verschüttet auf dem Boden, dachte Johnny. Aber das sagte er natürlich nicht, sondern schüttelte nur stumm den Kopf.

„Okay." Simon betrachtete ihn nachdenklich. In seinem Blick lag keine Freundlichkeit, aber auch keine Verachtung. Eher so etwas wie Hilflosigkeit oder Traurigkeit. Johnny hätte ihn beinahe gefragt, ob er Hilfe brauche. Doch dann packte ihn der kräftige Typ am Kragen, zog ihn hoch und stellte ihn auf die Beine.

„Hier, nimm", sagte Simon und drückte Johnny ein sauberes Papiertaschentuch in die verletzte Hand. „Immer fest draufpressen, bis die Blutung gestillt ist."

Johnny tat, was der Mann ihm geraten hatte. „Wenn Sie nicht gekommen wären, hätte er mich umgebracht", sagte er mit leiser und stockender Stimme.

„Das hätte ich vielleicht auch getan, wenn der Laden mir gehören würde."

Johnny nickte. „Trotzdem – danke", sagte er und streckte Simon seine gesunde linke Hand entgegen.

Der Mann ignorierte sie. „Ich hab's nicht für dich getan", sagte er. „Nur für Harry. Er sollte nicht wegen acht Euro zum Mörder werden. Und jetzt verschwinde endlich. Ich kann dich nicht mehr sehen – und vor allem kann ich dich nicht mehr riechen!"

Johnny ließ den Kopf sinken. Wie war er nur auf die absurde Idee gekommen, dass der Mann eingegriffen hatte, um ihm zu helfen? Er war es doch überhaupt nicht wert, gerettet zu werden. Im Gegenteil, er war der Abschaum, der Penner, der Drecksack, vor dem die Welt gerettet werden musste. Das hatte er begriffen.

Doch Simon war noch nicht fertig. „Kerl, jetzt lass dich bloß nicht so hängen. Das ist bestimmt nur 'ne schlechte Phase", sagte er und öffnete erneut sein Portemonnaie. Er nahm einen Fünfeuroschein heraus, dachte kurz nach, legte den Fünfer wieder zurück, nahm einen Zehner und steckte ihn in die Tasche von Johnnys hässlichem Hemd. „Du hast bestimmt Hunger, oder? Aber versauf's nicht. Tu dir den Gefallen, okay?"

Johnny reagierte sofort. Er hatte tatsächlich eine schlechte Phase, denn er war voll auf Entzug. Außerdem hatte er einen kompletten Blackout, was die vergangene Nacht betraf. Er war pleite und seine Wohnung sah aus, als läge sie in einem hyperaktiven Erdbebengebiet. Er hatte keine Ahnung, wie es in seinem Leben weitergehen sollte und er war nicht nur allein, sondern einsam – aber eines war er ganz bestimmt nicht: jemand, dem man wie einer billigen Hure das Geld in den Ausschnitt stecken konnte!

Mit spitzen Fingern zog Johnny die zehn Euro aus seiner Hemdtasche, hielt sich den Schein vor den Mund, spuckte darauf und ließ ihn fallen. Noch während der Geldschein wie Herbstlaub zu Boden trudelte, verließ Johnny humpelnd, verdreckt, blutig und nach billigem Rum stinkend den Getränkemarkt. Trotzdem fühlte er sich irgendwie als Sieger …

4. Kapitel

Johnny stolzierte den Weg am Sportplatz entlang, zurück zur U-Bahn-Station. Doch noch bevor er dort angekommen war, hatte sich das triumphale Gefühl bereits wieder in Luft aufgelöst.

„Ich bin so ein Idiot! Mann, zehn Euro! Das hätte locker für 'ne Flasche und was zu essen gereicht. Wie kann man nur so blöd sein ...", schimpfte er laut vor sich hin. Die Leute, die ihm begegneten, wechselten die Straßenseite oder gingen so schnell wie möglich an ihm vorbei. Und jeder, wirklich jeder, drehte sich nach ihm um. Die meisten schüttelten dabei fassungslos den Kopf.

Johnny bekam davon nichts mit. Er hatte die Chance des Tages im wahrsten Sinne des Wortes weggeworfen. Seine Wut auf sich selbst war so groß, dass er gar nichts mehr merkte. Er wusste weder, dass er aussah, als wäre er gerade einem Gruselkabinett entwichen, noch wie bestialisch er nach Alkohol stank. Und er sah auch nicht, dass die Leute scharenweise aus dem Unterstand einer Bushaltestelle flüchteten, als er sich dort auf eine Bank setzte. Aber wahrscheinlich hätte es ihn sowieso nicht interessiert. Er war viel zu sehr damit beschäftigt, den zehn Euro nachzutrauern, die er aus verletztem Stolz ausgeschlagen hatte. Als ob er es sich erlauben konnte, stolz zu sein!

Der Bus kam, als Johnny sich beinahe dazu durchgerungen hatte, zum Getränkeladen zurückzugehen und Simon anzuflehen, ihm die zehn Euro doch zu geben. Automatisch stieg er ein, als sich die Türen zischend öffneten, und setzte sich in die hinterste Reihe. Eigentlich hatte er vorgehabt, wieder mit der U-Bahn zu fahren. Aber der Bus fuhr in die richtige Richtung, und im Grunde war es Johnny vollkommen egal, wie er nach Hause kam.

Den anderen Fahrgästen war es allerdings nicht egal, wer mit ihnen im Bus saß. Die meisten schauten zwar nur betreten zu Boden oder sahen demonstrativ aus dem Fenster, als Johnny erneut begann, vor sich hinzuschimpfen. Doch einige fühlten sich wohl von ihm provoziert, obwohl er nicht besonders laut war und niemanden außer sich selbst verfluchte. Wahrscheinlich reichte ihnen schon sein äußeres Erscheinungsbild und der tatsächlich ziemlich üble Gestank.

Ein paar Stationen lang murmelten einige nur vor sich hin. Dann fing der Erste an, dumme

Sprüche zu machen. Es war ein junger Typ, kaum älter als Johnny, der offenbar eine Ausbildung zum Maler machte. Er hielt er eine Flasche Bier in den Händen – die erste an diesem Tag, wie er mehrfach betonte. Dass er damit bereits mehr Alkohol intus hatte als Johnny, interessierte niemanden.

„Seht euch diesen Typen an!", pöbelte der Malerlehrling viel lauter, als Johnny bisher vor sich hingeschimpft hatte. „Das ist ja widerlich!"

„Eine Schande ist das", pflichtete ihm eine ältere Dame bei. Man konnte ihr schon von Weitem ansehen, dass ihr einziges Hobby darin bestand, den ganzen Tag in öffentlichen Verkehrsmitteln durch die Gegend zu fahren und sich über andere Leute aufzuregen.

„Da wird einem mal wieder deutlich vor Augen geführt, wie die Politiker unsere Steuergelder verschwenden! So einer wie der bekommt doch bestimmt Hartz IV, und wenn ihr mich fragt: viel zu viel!", sagte ein Krawattenträger.

Sein Kollege, der neben ihm saß, fügte hinzu: „Das hat nichts mit Hartz IV zu tun, das ist eine Charakterfrage. Es gibt einfach Menschen, die sind es nicht wert, als solche bezeichnet zu werden!"

In diesem Moment schaltete sich eine junge Frau ein. Sie saß ganz vorne im Bus, direkt hinter dem Fahrer.

„Wissen Sie eigentlich, was Sie da sagen?!", rief sie erbost.

„Ein Penner ist ein Penner, das wird man doch wohl noch sagen dürfen", rief der künftige Anstreicher zurück.

„Nein, darf man nicht", widersprach die junge Frau entschlossen. „Und jetzt lassen Sie gefälligst den armen Kerl in Frieden. Der sitzt ganz ruhig da und tut niemandem etwas."

„Doch, er stört!", sagte die alte Frau.

„Sie meinen, er stinkt!", verbesserte der Lehrling.

„Genau. Er stört, weil er stinkt!" Die alte Frau kicherte hysterisch.

„Wenn er Sie stört, müssen wir den Penner wohl rausschmeißen!", meinte der von oben bis unten mit Farbe bekleckerte Auszubildende und machte Anstalten, sich höchstpersönlich darum zu kümmern.

Plötzlich bremste der Bus mitten auf der Strecke. Der Fahrer machte den Motor aus, kletterte hinter seinem riesigen Lenkrad hervor und ging zielstrebig durch den Bus nach hinten.

„Wenn hier jemand einen Fahrgast rauswirft, dann bin ich das, verstanden?" Er sah die alte Frau und den Malerlehrling an, die sich zwar nicht einsichtig zeigten, aber immerhin nickten und den Mund hielten. Dann drehte er sich zu Johnny um. „Und du steigst jetzt bitte aus."

„He, das können Sie doch nicht machen!", rief die junge Frau nach hinten.

„Bitte mischen Sie sich da nicht ein", sagte der Busfahrer ruhig, aber bestimmt.

„Es wird doch ständig gefordert, dass man sich einmischen soll", konterte die junge Frau aufgebracht.

„Aber nur, wenn ein Unrecht geschieht", sagte der erste Krawattenträger. „Dieses Subjekt aus dem Bus zu entfernen ist hingegen höchst rechtens!"

„Oder wollen Sie diesen Typen etwa zu einem Opfer erklären?", fragte sein Kollege und lachte höhnisch.

„Und ob", sagte die junge Frau. „So, wie Sie ihn alle behandeln, ist er ein Opfer!"

„Ich bin mir sicher, dass der Typ schwarzfährt", meinte der Lehrling.

„So, jetzt reicht's", sagte der Busfahrer. „Noch ein Spruch, und du fliegst auch raus!"

„Na toll! Und das alles wegen dem Penner da", beschwerte sich der Auszubildende.

Johnny zuckte zusammen. Er hatte sich den gesammelten Schwachsinn der anderen Fahrgäste zwangsweise mit angehört und gehofft, dass sie ihn irgendwann schon wieder in Ruhe lassen würden. Doch jetzt starrten ihn endgültig alle an und er fühlte sich hundeelend. Er hatte den ganzen Tag noch nichts gegessen – und natürlich nichts getrunken. So nüchtern wie in diesem Augenblick war er schon lange nicht mehr gewesen, und dieser Zustand gefiel ihm überhaupt nicht.

Erste Zweifel an seinen Plänen kamen auf. Warum wollte er sein Leben eigentlich ändern? Er war gern betrunken! Wenn er dicht war, hackte wenigstens niemand auf ihm herum. Zumindest bekam er es nicht mit. Im Moment schienen die Leute sich einen Wettkampf darin zu liefern, wer ihn am besten fertigmachen konnte.

Nein, es war wirklich nicht schön, nüchtern zu sein. Johnny beschloss, daran etwas zu ändern. Er hatte sogar schon eine Idee. Abrupt stand er auf. Humpelnd, taumelnd und mit üblen Bauchschmerzen kämpfte er sich langsam und vorsichtig durch den Bus, zeigte dem Malerlehrling und den beiden Krawattenträgern den Mittelfinger und stieg aus. Der Busfahrer musste den Auszubildenden festhalten, damit er nicht aus dem Bus stürmte und hinter Johnny herlief.

„Du musst noch viel lernen", sagte Johnny in Richtung des Klecksers, der inzwischen in der letzten Reihe des davonfahrenden Busses saß und sich mit dem doppelten Mittelfinger von ihm verabschiedete. „Vor allem, wie man cool bleibt und sich nicht unnötig aufregt."

Als der Bus außer Sichtweite war, machte sich Johnny auf den Weg. Wenn ihn nicht alles täuschte, war die Straße, in der Saskia wohnte, nicht allzu weit entfernt. Sie würde ihm helfen. Sie musste ihm einfach helfen, schließlich hatte sie es ihm versprochen.

5. Kapitel

Johnny täuschte sich nicht. Saskia wohnte tatsächlich ganz in der Nähe. Doch die Schmerzen in der Hüfte, die er Harry und seiner Baseballkeule zu verdanken hatte, und die schreckliche innere Unruhe machten ihm schwer zu schaffen. Der Weg zu ihr kam ihm vor wie eine halbe Erdumrundung.

Unruhe, Schweißausbrüche, heftiges Zittern, Konzentrationsmängel – das alles waren eindeutige Anzeichen. Wenn Johnny ehrlich zu sich selbst gewesen wäre, hätte er zugeben müssen, dass er schwer alkoholabhängig war. Doch Ehrlichkeit hatte ihm noch nie etwas gebracht. Vielleicht wäre er heute noch mit Mara zusammen, wenn er ihr gegenüber so getan hätte, als ob er sich über die Stringtangas freuen würde. Vielleicht wäre dann alles ganz anders gekommen.

Offensichtlich wollte die Welt belogen werden. Also konnte er dabei auch mitmachen. Er war sogar bereit, Saskia interessant und attraktiv zu finden, wenn es ihn weiterbrachte. Hauptsache, er konnte seine Klamotten bei ihr waschen und sich Geld von ihr leihen. Nicht viel, vielleicht hundert

Euro, höchstens hundertfünfzig. Genug, um seine Wohnung wieder in ein Zuhause zu verwandeln. Und um etwas zu trinken und eine Kleinigkeit zu essen zu kaufen.

Also bin ich doch eine Hure, dachte Johnny bitter. Ich verkaufe mich für ein bisschen Geld, das ich auch noch zurückzahlen muss!

Er war ganz in Gedanken darüber versunken, ob dann nicht der Großteil der Menschheit aus Huren bestand, als er plötzlich seinen Namen hörte. Erschrocken schaute Johnny sich um. Er hatte Angst, dass ihn jemand erkannt haben könnte, der ihn in diesem Zustand eigentlich nicht sehen sollte. Sein Vater zum Beispiel oder sein älterer Bruder, einer der Lehrer oder ein Mitschüler. Johnny war erleichtert, als er auf der anderen Straßenseite Leon entdeckte, einen der drei Wirte der *JuLeKa*, der ihn zu sich winkte.

Doch die Erleichterung hielt nicht lange an. Johnny überquerte die Straße und begrüßte den Wirt. Leon musterte ihn, teils erschrocken, teils ungläubig, doch er verkniff es sich, Johnny auf sein äußeres Erscheinungsbild anzusprechen. Vorerst jedenfalls.

„Hast du die Kohle?", fragte er stattdessen.

„Kohle?", fragte Johnny ahnungslos zurück. „Welche Kohle?"

„73 Euro", sagte Leon.

„Wofür?"

„Für die Zeche von gestern Abend", behauptete der Wirt. „Weißt du nicht mehr, was passiert ist?"

Johnny schüttelte den Kopf. Doch plötzlich konnte er sich wieder an den gestrigen Abend erinnern. Zumindest bruchstückhaft. Er sah Bilder, die wie Blitze vor seinen Augen auftauchten und gleich wieder verschwanden: Er in der *JuLe-Ka* mit einem Whisky-Cola am Tresen – ein Typ setzt sich zu ihm – dann ein Streit – hassverzerrte Gesichter – plötzlich hält er eine Flasche in der Hand – dann nur noch einen Flaschenhals – jemand blutet …

„Ich hab beim Wettsaufen verloren?", sagte Johnny. Es war eher eine Feststellung als eine Frage.

„Du hast lange durchgehalten", versuchte der Wirt ihn zu trösten. „Aber die haben dich ausgetrickst. Ausgetrickst und fertiggemacht. Junge, Junge, du hast ganz schön einstecken müssen. Ich wette, du hast jede Menge blaue Flecken!"

Johnny nickte. Deren Herkunft konnte er sich jetzt also erklären. Doch er wusste immer noch nicht, wie das fremde Blut an seinen Körper gekommen war. Und er war sich nicht einmal mehr sicher, ob er das überhaupt wissen wollte.

Aber Leon erzählte einfach weiter. „Irgendwann hast du angefangen, dich zu wehren. Auf einmal hattest du eine Flasche in der Hand. Du hast sie am Tresen kaputt geschlagen und bist mit dem Flaschenhals in der Hand ...“

„Nein!“, schrie Johnny. Er hielt sich die Ohren zu und humpelte davon. Er wollte die Wahrheit nicht hören, wollte nicht wissen, was er im Suff angestellt hatte.

„He, Johnny W., was ist mit meinem Geld?“, rief der Wirt ihm hinterher.

Johnny war bereits auf der anderen Straßenseite angekommen. „Verrechne es mit meiner Provision für die guten Umsätze in den letzten Wochen!“, rief er zurück.

Leon lachte. „Okay, fünfzig Euro!“, machte er ein Angebot. „Morgen Abend!“

„Ist gut!“, versprach Johnny, obwohl er keine Ahnung hatte, wo er das Geld hernehmen sollte. Von einem Überfall auf einen Supermarkt oder Kiosk hatte er nach der peinlichen Aktion in dem Getränkeladen längst Abschied genommen. Dann musste Saskia ihm das Geld für Leon eben auch noch leihen. Ob er sie nun um hundert, hundertfünfzig oder zweihundert Euro anpumpte, war inzwischen eigentlich auch schon egal.

Zwischen zwei eintönigen Mietshäusern entdeckte Johnny einen kleinen Spielplatz. Er war von hohen Büschen umgeben und so langweilig, dass er noch nicht einmal zum Abhängen genutzt wurde. Mit anderen Worten: Genau der richtige Ort für Johnny, um eine Pause einzulegen und in Ruhe nachzudenken.

Doch von Ruhe konnte keine Rede sein. Johnny hatte schon seit zwölf oder vierzehn Stunden keinen Alkohol mehr getrunken – bis auf den winzigen Schluck Rum im Getränkemarkt. Die Entzugserscheinungen machten ihn fast wahnsinnig. Außerdem kamen ihm plötzlich Zweifel, ob Saskia ihm das Geld tatsächlich leihen würde. Warum sollte sie das tun? Sie war erst seit einem halben Jahr in seiner Klasse, die beiden kannten sich kaum.

Das lag allerdings nicht an Saskia. Johnny erinnerte sich daran, dass sie ihn schon einige Male angesprochen hatte: im Klassenraum kurz vor dem Unterricht, in der Pause auf dem Schulhof, auf dem Nachhauseweg. Sie schien sich für ihn zu interessieren, doch er hatte jeden ihrer Annäherungs-versuche abgeblockt. Nicht, weil er sie langweilig und unattraktiv fand – das waren zwar auch zwei gute Gründe, aber unabhängig davon ließ Johnny grundsätzlich niemanden allzu nahe an sich heran. Warum das so war, wusste er selbst nicht so genau. Er war in seinem Leben fast immer allein gewesen, und er war damit ganz gut gefahren.

Bis auf die kurze Zeit mit Mara. Auf sie hatte er sich eingelassen, ihr gegenüber hatte er sich sogar geöffnet – jedenfalls soweit es ihm möglich war. Und prompt war er enttäuscht worden, als sie aus einem nichtigen Grund mit ihm Schluss gemacht hatte: wegen einer Dreierpackung String-tangas! Johnny hatte die Konsequenzen gezogen und war sofort wieder auf Abstand zu seinen Mit-menschen gegangen.

Natürlich war ihm klar, dass das abgelehnte Geschenk nicht der eigentliche Grund für die Trennung war. So leicht hatte Mara sich die Ent-scheidung bestimmt nicht gemacht. Im Grunde konnte er sie sogar verstehen. Er war eben nicht der Typ für eine feste Beziehung, eigentlich noch nicht einmal für eine Freundschaft. Leider, denn auf Dauer fand Johnny es schon ziemlich öde, immer nur allein zu sein. Ihm fehlte ein Freund. Einer, der zu ihm hielt, egal, wie viel Mist er gebaut hatte oder in Zukunft noch bauen würde. Der ihm dabei half, seine verworrenen Gedanken zu ordnen, und ihm vielleicht sogar einen guten Rat geben konnte, wenn er mal wieder überhaupt nicht weiterwusste.

Einerseits.

Andererseits hatte er Angst davor, anderen Menschen zu vertrauen. Er wollte nicht noch einmal verletzt werden. Er selbst wollte auch niemanden verletzen oder belügen. Deshalb schwieg er lieber. Aber das machte eben einsam.

Am allerwenigsten konnte Johnny sich selbst belügen. Obwohl er es immer wieder versuchte. Doch am Ende scheiterte er jedes Mal. Deshalb hatte es auch überhaupt nichts genützt, dass er vor Leon und der Wahrheit davongelaufen war. Er wusste, dass in der Nacht etwas Schreckliches geschehen war. Das fremde Blut an seinem Körper war Realität, auch wenn er es abgewaschen und weggespült hatte. Er konnte es nicht leugnen. Er wusste, dass er jemanden verletzt hatte. Vielleicht sogar getötet! Daran gab es nicht mehr den geringsten Zweifel …

6. Kapitel

Johnny verließ den Spielplatz. Er hatte genug von den Fragezeichen in seinem Kopf. Er wollte zurück zur *JuLeKa* gehen und Leon bitten, ihm alles über den vergangenen Abend zu erzählen. Doch seine Füße hatten offenbar ihren eigenen Willen. Sie bogen einfach rechts ab, in die Straße, die direkt zu der Siedlung mit den großen, schönen Einfamilienhäusern führte, in der auch Saskia wohnte. Dabei war Johnny sich gar nicht mehr so sicher, ob es wirklich eine gute Idee war, seine Mitschülerin anzupumpen.

Johnny hatte Angst, dass Saskia Nein sagen könnte. Sie war seine letzte Hoffnung. Wenn sie ihm kein Geld gab, wusste er keinen Ausweg mehr. Dann blieb ihm wirklich nur noch der Überfall auf einen Kiosk. Doch dabei würde er sich mit Sicherheit so dämlich anstellen, dass er sich gleich eine Zelle im nächsten Knast reservieren konnte.

Außerdem hatte die Hoffnung auf Saskias Hilfe entscheidend dazu beigetragen, diesen schrecklichen Tag überhaupt einigermaßen zu überstehen. Solange er sie nicht fragte und ihr somit keine Gelegenheit gab, Nein zu sagen, hatte er zwar immer noch keine Kohle, aber wenigstens noch Hoffnung!

Es dauerte ein paar Sekunden, bis Johnny begriff, dass diese Art zu denken zwar irgendwie logisch, aber trotzdem ziemlich krank war.

Kurz darauf bogen seine Füße in die schmale Straße ein, in der Saskia wohnte. Johnny schaute sich unsicher um. Hinter den Fenstern der Häuser vermutete er Dutzende neugieriger Augenpaare, die ihn ganz genau beobachteten. Vielleicht riefen die ersten Bewohner auch schon die Polizei, um ein *UHS* zu melden, ein *Unerwünschtes Humpelndes Subjekt*. Oder sie öffneten bereits den Waffenschrank, um das *UHS* höchstpersönlich zu vertreiben. Natürlich nur aus reiner Notwehr.

Johnny war kurz davor, in Panik zu geraten, als er die Hausnummer 17 entdeckte. Da wohnt Saskia also, dachte er. Seine Füße verstanden das als Auftrag und brachten ihn direkt vor ihre Haustür.

Und nun? Sollte er wirklich klingeln? Was, wenn sie doch nicht allein war und ihre Mutter ihm die Tür öffnete? Saskia hatte zwar behauptet, dass ihre Eltern meistens nicht zu Hause waren. Aber meistens war eben nicht immer …

Sein rechter Zeigefinger bereitete dem Gedankenspuk ein Ende, indem er auf den Klingelknopf drückte. Bevor Johnny sich eine Erklärung dafür zurechtgelegt hatte, warum sein Zeigefinger meinte, bei Saskia läuten zu müssen, hatte sie bereits die Tür geöffnet und strahlte ihn an.

„Hallo, John…" Ihr Lächeln gefror. Aber sie hatte sich schnell wieder im Griff. „Oh Mann, du siehst ja schlimm aus!"

Johnny rechnete es ihr hoch an, dass sie nicht so tat, als sei alles in Ordnung.

„Hi, Saskia. Sind deine Eltern zu Hause?"

„Nein, keine Angst, die sind die ganze Woche auf einem Seminar in den USA."

Johnny lächelte erleichtert. Dann sah er verlegen zu Boden. „Ich … ich bin rein zufällig hier vorbeigekommen, und da hab ich mir gedacht, ich könnte dich ja mal fragen, ob dein Angebot noch steht und ich ein paar Klamotten bei dir waschen kann?"

Saskia konnte sich ein Grinsen nicht verkneifen. „Dir ist schon klar, dass ich in einer Sackgasse wohne, oder?"

„Und in Sackgassen darf man mittwochs keine Klamotten waschen?"

„Doch, aber nur, wenn man rein zufällig bei jemandem vorbeikommt, der eine funktionierende Waschmaschine besitzt", sagte Saskia und ließ ihren Blick einmal an ihm hinunter- und wieder hinaufwandern. „Am besten fangen wir gleich mit den Sachen an, die du anhast. Komm rein."

Sie trat zur Seite, ließ ihn herein und führte ihn die Treppe hinunter in einen großen Kellerraum, in dem unter anderem eine Waschmaschine und ein Trockner standen.

„Na los, zieh die Sachen aus, die stinken ja erbärmlich. Wenn du willst, kannst du auch baden." Sie sah ihn fragend an und Johnny nickte. „Okay, dann hole ich mal die Handtücher."

Saskia verließ den Kellerraum.

Johnny zog zuerst seine Schuhe und die Socken aus, bevor er begann, das hässliche Hemd aufzuknöpfen. Seltsamerweise hatte er sich in Saskias Nähe wohlgefühlt, fast schon geborgen. Als Mädchen … beziehungsweise als junge Frau … oder noch besser: als weibliches Wesen fand er sie zwar immer noch vollkommen uninteressant. Aber sie schien nett zu sein, viel netter jedenfalls, als er gedacht hatte. Vor allem stellte sie ihm keine dummen Fragen.

Johnny beschloss, die nächsten Stunden trotz der Schmerzen und der immer noch heftiger werdenden Entzugserscheinungen so gut wie möglich zu genießen. Die Frage nach dem Geld wollte er erst stellen, wenn seine Wäsche gewaschen war.

Zuvor musste er seine Klamotten allerdings erst einmal in die Waschmaschine legen, und dafür musste er sie ausziehen. Das war aber gar nicht so einfach, jedenfalls nicht an diesem Tag. Inzwischen tat Johnny die gesamte linke Körperhälfte weh, und den Arm konnte er nicht höher heben als bis zum Bauchnabel. Es war nahezu unmöglich, das Hemd ohne fremde Hilfe auszuziehen. Deshalb hatte er es gerade erst geschafft, sich aus dem linken Ärmel zu befreien, als Saskia bereits wiederkam.

Sie hatte ein großes Badehandtuch für ihn dabei und sah ihn überrascht an. „Traust du dich nicht, oder gibt es irgendwelche religiösen Gründe, die es dir verbieten, dich im Keller einer Mitschülerin auszuziehen?"

Johnny lachte. Saskia war zu Hause viel lustiger als in der Schule. Oder hatte er das nur nicht mitbekommen, weil er sich nicht für sie interessiert hatte?

„Offenbar ist Antwort C die richtige Lösung: Du brauchst Hilfe!" Sie trat mit wenigen Schritten hinter ihn und packte entschlossen das Hemd mit beiden Händen am Kragen. „Wo tut es weh?"

„Ich will jetzt wirklich nicht rumjammern, aber ich fürchte: überall", antwortete er, und diesmal lachte Saskia. Allerdings nicht lange.

„Oh mein Gott!", stieß sie entsetzt hervor, nachdem sie ihm vorsichtig das Hemd ausgezogen hatte und seinen malträtierten nackten Oberkörper sah. „Wie ist das denn passiert?"

„Du wirst es mir wahrscheinlich nicht glauben, aber ich weiß es nicht. Außer bei der Stelle an der linken Seite."

„‚Stelle' ist gut", sagte Saskia. „Die ganze Seite ist grün und blau. Damit musst du zum Arzt!"

„Nein."

„Und wenn du dir die Rippen gebrochen hast?"

„Wenn ich mir die Rippen gebrochen hätte, könnte ich vor Schmerzen kaum atmen", sagte Johnny. „Atmen ist aber im Moment so ziemlich das Einzige, das bei mir problemlos funktioniert."

„Ach, gut zu wissen!", sagte Saskia keck und grinste ihn an. Doch dann wurde sie wieder ernst. „Bist du von einem Zug überfahren worden?"

Johnny zögerte. Er wollte ihr nicht seine ganze Lebensgeschichte erzählen. Aber irgendetwas musste er ihr wohl sagen. Sie hatte eine Antwort verdient. Immerhin durfte er bei ihr baden und seine Klamotten waschen. „Ich bin mit einem Baseballschläger zusammengeprallt", erklärte er deshalb.

„Du hast dich mit Hooligans angelegt?", fragte Saskia erstaunt – und fast ein bisschen bewundernd.

„Um Himmels Willen, nein!", rief Johnny. Das fehlte gerade noch, dass er sich für die Folgen seines peinlichen Auftritts im Getränkemarkt zum Helden machen ließ.

Saskia sah tatsächlich ein bisschen enttäuscht aus. „Okay", riet sie weiter, „dann warst du betrunken und hast dich mit dem Falschen angelegt."

Für einen Augenblick war Johnny kurz davor, richtig sauer zu werden. Es stand ihr nicht zu, über seinen Alkoholkonsum zu urteilen! Aber dann stellte er fest, dass sie ihn keineswegs vorwurfsvoll, sondern eher interessiert anschaute, und er beruhigte sich wieder.

„Das Zweite stimmt, das Erste nicht", sagte er. „Ich bin nüchtern, schon den ganzen Tag. Viel zu nüchtern."

Den Nachsatz hatte er nur leise vor sich hinge-murmelt, aber Saskia hatte offenbar sehr gute Ohren. „Von mir bekommst du keinen Alkohol", sagte sie nämlich sehr bestimmt. „Falls du deswe-gen hergekommen bist …?"

„Nein!", beeilte sich Johnny zu sagen. „Nein, wirklich nicht. Ich bin hier, weil ich zu Hause überhaupt nichts Sauberes mehr zum Anziehen habe."

„Na, dann …", sagte Saskia zufrieden, öffnete unvermittelt den Gürtel an seiner Jeans und einen Augenblick später auch noch den Knopf und den Reißverschluss.

In dem Moment, als seine Hose in Richtung Fußboden rutschte, fiel Johnny wieder ein, was er drunter trug …

„He, was ist das denn?!", fragte Saskia und ließ ihre Augen blitzen.

„Ich hab doch gesagt, dass ich keine sauberen Klamotten mehr habe", verteidigte sich Johnny, obwohl er überhaupt nicht angegriffen worden war. Im Gegenteil, Saskia schien der Anblick zu gefallen. Trotzdem war es ihm peinlich, im Tanga vor ihr zu stehen – in einem sehr knappen, schwar-zen, sexy Stringtanga!

„Ich finde, so etwas steht dir", sagte Saskia. „Ich mag Jungs sowieso viel lieber in Slips oder Tangas als in diesen albernen, viel zu weiten Boxershorts. Nackt gefallen sie mir allerdings noch besser. Also los, runter damit!"

Einen Moment lang glaubte Johnny, sie hätte einen schlechten Scherz gemacht, oder sie wäre von einer Sekunde auf die andere komplett übergeschnappt. Aber dann sah er in ihre Augen und wusste, dass sie es ernst meinte.

Eigentlich hatte sie sogar recht. Der Rum hatte Johnnys Klamotten vollkommen durchtränkt. Selbst seine Haut stank nach Alkohol. Es war deshalb keine große Überraschung, dass auch seine Unterhose etwas abbekommen hatte. Folgerichtig musste auch sie gewaschen werden.

Er dachte, dass Saskia den Raum verlassen würde, aber darauf konnte er lange warten. Ergeben drehte er sich um. Er hatte im Stringtanga vor ihr gestanden. Das war das Peinlichste, was ihm in seinem Leben je passiert war. Noch mehr schämen ging einfach nicht. Also konnte sie ihn auch nackt sehen.

Mit einem Ruck, den er aufgrund der Schmerzen allerdings nur in Zeitlupe ausführen konnte, schob Johnny den Tanga über seinen Hintern und ließ ihn auf die Knöchel rutschen.

„Unter erotischen Gesichtspunkten betrachtet, war das leider nur eine Fünf", sagte Saskia, als würde sie in der Jury von „Deutschland sucht den Superstripper" sitzen. „Aber ansonsten …!"

Johnny spürte ihre Blicke auf seinem Hintern. Er konnte nichts dagegen tun – es machte ihn an.

„Oh", sagte Saskia. „Und ich habe immer gedacht, du könntest mich nicht leiden. Wie man sich doch täuschen kann."

Stimmt, dachte Johnny. Er hatte sich nämlich ebenfalls getäuscht. Nackt vor einer komplett bekleideten Mitschülerin zu stehen war noch zehnmal peinlicher, als von ihr im Stringtanga gesehen zu werden. Hundertmal peinlicher!

Zum Glück machte Saskia sich nicht auch noch lustig über ihn. Sie warf ihm das Handtuch zu und wollte den Kellerraum verlassen.

Doch Johnny hielt sie zurück. „Und was ist mit der Wäsche?", fragte er.

„Ach ja, die Wäsche!" Saskia warf seine Unterhose, die Jeans und die Socken in die Waschmaschine, legte noch ihre Sachen aus dem Wäschekorb dazu und hielt schließlich sein Hemd hoch.

„Das ist das hässlichste Hemd, das ich je gesehen habe!"

„Na ja, wie gesagt, in meinem Kleiderschrank herrscht Ebbe."

„Willst du das wirklich behalten?"

„Ich kann doch nicht mit freiem Oberkörper nach Hause gehen!"

„Und wenn ich dir ein T-Shirt von meinem Vater gebe?"

Johnny brauchte nicht lange zu überlegen. „Du kannst mir zwei T-Shirts geben. Zu Hause habe ich noch so ein Hemd, das schmeiße ich dann auch weg."

Lachend stellte Saskia die Waschmaschine an, das Hemd landete im Mülleimer, und die beiden verließen endgültig den Kellerraum.

„Willst du dir nicht das Handtuch umbinden?", fragte Saskia, die zu Johnnys Erstaunen nicht in Richtung Treppe ging, sondern mit ihm im Keller blieb.

„Wozu?", fragte er zurück. „Ich steige doch sowieso gleich in die Badewanne ..."

„Badewanne ist gut!", lachte Saskia.

Kurz darauf wusste Johnny auch, warum. Der Raum, in den Saskia ihn führte, war eine echte

Wellnessoase! Mit einer Sauna, zwei Duschen, einer kleinen Bar und mehreren Liegestühlen, die auf weißem Sand zwischen drei täuschend echt aussehenden Palmen standen. Das Prunkstück des Wohlfühlraums befand sich jedoch genau in der Mitte: ein riesiger, von innen beleuchteter Whirlpool, in dem mindestens sechs Leute bequem Platz hatten!

„Was machen deine Eltern noch mal beruflich?", fragte Johnny.

„Sie verkaufen CDs mit den Daten von Steuerhinterziehern", antwortete Saskia so ernst, dass er es ihr tatsächlich abkaufte. Bis sie anfing zu lachen.

„Du bist echt lustig", sagte er dann.

Sie lächelte sehr zufrieden, als sie auf den Whirlpool deutete. „Was ist, bist du wasserscheu?"

Das ließ Johnny sich nicht zweimal sagen. Es dauerte keine halbe Minute, bis er sich abgeduscht hatte und in dem angenehm warmen Wasser saß.

„Und was ist mit dir?" Die Frage war Johnny herausgerutscht, bevor er überhaupt darüber nachgedacht hatte, ob er wirklich gemeinsam mit Saskia in einem Whirlpool sitzen wollte.

„Wenn es dir nichts ausmacht", sagte sie, zog sich aus und stieg zu ihm in das warme Wasser.

Dabei berührte sie rein zufällig mit ihrem großen Zeh seinen Oberschenkel.

Johnny zuckte zurück. Er wollte nicht, dass sie ihn berührte. Er wollte auch nicht, dass sie ihn so schmachtend ansah. Er war nicht bereit für eine neue Beziehung, weder mit Saskia noch mit irgendeinem anderen Mädchen. Da war er sich ganz sicher. Warum er es trotzdem aufregend fand, mit ihr in diesem riesigen Pool zu sitzen, konnte er sich auch nicht erklären.

Während er noch darüber nachdachte, bemerkte er auf einmal, dass Saskia ihm direkt in die Augen sah.

„Warum wirst du eigentlich Johnny genannt?", wollte sie wissen.

„Warum nennt man dieses Ding hier eigentlich Whirlpool?", konterte er.

„Oh, entschuldige." Saskia drückte auf einen kleinen, kaum sichtbaren Knopf, und wenige Sekunden später begann das Wasser zu blubbern.

„Deswegen", sagte sie. „Und jetzt bist du dran."

Johnny schüttelte den Kopf. Er wollte nichts von sich preisgeben.

Doch Saskia ließ nicht locker. „Sag schon: Warum nennen dich alle so?"

„Ach, das ist eine lange Geschichte", antwortete er ausweichend.

„Ich habe Zeit", sagte Saskia und lehnte sich zurück.

Johnny gab auf. „Eigentlich heiße ich Conrad. Conrad, mit C", begann er zu erzählen. „Meine Mutter ist bei meiner Geburt gestorben. Für mich sah es auch nicht besonders gut aus, aber die Hebamme hat mich gerettet. Quasi in letzter Sekunde. Sie hieß Irene. Mein Vater wollte mich vor lauter Dankbarkeit nach ihr benennen. Zum Glück hat der Standesbeamte es verboten, sonst würde ich heute allen Ernstes Irene heißen!"

„Und wie ist daraus dann Conrad geworden?"

„So hieß die Hebamme mit Nachnamen. In der Grundschule haben sie mich Conny genannt, und daraus ist dann später im Fußballverein Johnny geworden."

„So lang war die Geschichte aber gar nicht", meinte Saskia.

„Sie ist ja eigentlich auch noch nicht zu Ende", sagte Johnny. „Wahrscheinlich wird sie nie zu Ende sein."

„Du hast deine Mutter vermisst", vermutete Saskia.

„Ich nicht. Ich kannte sie ja gar nicht. Aber mein Vater, und vor allem Erik, mein großer Bruder. Sie geben mir die Schuld daran, dass meine Mutter tot ist. Sie haben es zwar nie gesagt, aber ich habe es gespürt. Jeden Tag."

Johnny unterbrach sich selbst. Ihm war plötzlich ganz komisch zumute. In seinem Kopf drehte sich alles, sein Herz raste und ihm war übel.

„Johnny? He, was ist denn los?"

„Mir ist nicht gut", stammelte er. „Wahrscheinlich, weil ich den ganzen Tag noch nichts gegessen hab."

„Und keinen Alkohol getrunken. Mann, wie konnte ich nur so blöd sein! Du bist voll auf Entzug und ich setze dich in einen Whirlpool! Das ist schon für gesunde Menschen anstrengend und belastet den Kreislauf."

„Und was heißt das?"

„Raus mit dir, aber sofort!", befahl Saskia und half ihm aus dem Wasser. „Ich mache uns jetzt erst einmal etwas zu essen. Magst du Spiegeleier? Was anderes kann ich nämlich nicht."

„Spiegeleier sind okay", sagte Johnny. „Und dazu vielleicht …"

„Kein Alkohol!", sagte Saskia entschieden.

„Aber du hast doch eben selbst gesagt, dass ich auf Entzug bin!"

„Eben. Mann, du hast jetzt schon einen halben Tag lang nichts getrunken. Du musst nur noch zwei oder drei Tage durchhalten, dann bist du trocken!"

„Wer sagt denn, dass ich das will?", entgegnete Johnny.

„Irgendeinen Grund wird es schon geben, warum du heute noch nichts getrunken hast."

Johnny starrte an ihr vorbei, biss sich auf die Lippe und schwieg.

„Okay", sagte Saskia. „Du ruhst dich aus und ich mache die Spiegeleier. Wir können ja beim Essen weiterreden."

Und das taten sie dann auch …

Letztes Kapitel

Johnny redete und redete. Nachdem er erst einmal beschlossen hatte, Saskia zu vertrauen, erzählte er ihr alles, was er an diesem Tag erlebt hatte. Von der Tabakbrühe, dem fremden Blut an seinem Körper, seiner verdreckten Wohnung und dem riesigen Haufen schmutziger Klamotten. Von dem Plan, einen Kiosk zu überfallen, und dem gescheiterten Diebstahl im Getränkemarkt, von der vergangenen Nacht, über die er nicht mehr wusste als das Wenige, was Leon ihm berichtet hatte – und sogar von Mara.

„Hast du schon mal in Erwägung gezogen, Schriftsteller zu werden und Krimis zu schreiben?", fragte Saskia, als er zu Ende erzählt hatte.

„He, das hab ich mir nicht ausgedacht", brauste Johnny auf. „Das ist wirklich alles heute passiert!"

„Ja, eben", sagte Saskia. „Um sich so eine Geschichte auszudenken, brauchen Schriftsteller mindestens ein paar Wochen. Und dir passiert das einfach so, an einem einzigen Tag. Ich würde an deiner Stelle mal darüber nachdenken."

„Dann darf ich aber nicht mit dem Trinken aufhören", meinte Johnny.

„He, das ist doch nur ein Klischee, dass alle Autoren saufen!"

„Dann werde ich lieber kein Schriftsteller, sondern bleibe der Junge, der seine Mutter umgebracht hat."

Saskia sah ihn an. Dann stand sie plötzlich auf, ging um den Tisch herum, stellte sich hinter ihn und nahm ihn in die Arme. Ohne ein einziges Wort dabei zu sagen.

Johnny schluckte. Es tat verdammt gut, Saskias Nähe zu spüren. Bei ihr konnte er es zulassen. Vielleicht, weil er sich ganz sicher war, dass er nichts von ihr wollte. Jedenfalls nichts, was mit Sex zu tun hatte.

Irgendwann, nach ein paar Minuten, hielt er es allerdings doch nicht mehr aus. Saskia spürte das sofort. Sie ließ ihn los und setzte sich wieder auf ihren Platz.

„Das war schön", sagte Johnny leise.

„Du brauchst Hilfe", sagte Saskia.

Johnny schaute auf. „Weil ich es schön finde, von dir in den Arm genommen zu werden?"

Saskia lachte.

„Oder weil ich meine Mutter getötet und vergangene Nacht vielleicht jemanden umgebracht habe?"

Saskias Lachen gefror. „Warum glaubst du bloß, dass du für den Tod deiner Mutter verantwortlich bist? Das stimmt nicht, Johnny, das war nicht deine Schuld! Und vielleicht kannst du genauso wenig dafür, was vergangene Nacht geschehen ist!"

„Und warum habe ich dann fremdes Blut an meinem Körper? Warum erzählt mir Leon, dass ich eine Flasche an seinem Tresen zerschlagen habe? Der lügt mich doch nicht an!"

„Kannst du dir denn vorstellen, dass du so etwas getan haben könntest? Mit einem abgeschlagenen Flaschenhals auf einen anderen Menschen losgehen?"

„Nein, natürlich nicht!", rief Johnny. „Aber irgendetwas ist passiert. Und es macht mich wahnsinnig, dass ich nicht weiß, was!"

Johnny schniefte. Er hatte einen Kloß im Hals und hätte am liebsten geheult. Aber auch diesmal kamen keine Tränen, wie schon in den vergangenen siebzehneinhalb Jahren nicht.

„Okay", sagte Saskia. „Beruhige dich erst mal. Wir gehen jetzt zu dir und fangen an, deine Wohnung aufzuräumen. Vielleicht fällt dir wieder ein, was passiert ist, wenn du nicht mehr darüber nachgrübelst, sondern mit etwas ganz anderem beschäftigt bist. Einverstanden?"

Johnny nickte. Er zog seine frisch gewaschenen und getrockneten Klamotten an und Saskia holte einen riesigen Koffer vom Dachboden, in dem sie später seine schmutzige Wäsche zu sich nach Hause transportieren wollte. Dann machten sich die beiden auf den nicht sehr weiten Weg.

„Es sieht aber echt übel aus", warnte Johnny, als er ein paar Minuten später die Tür zu seiner Wohnung aufschloss.

„Deshalb sind wir ja hier", sagte Saskia mutig. Aber als sie sah, wie übel die Wohnung zugemüllt war, musste sie doch schlucken.

Lange ließ sie sich allerdings nicht schocken. „Okay, packen wir's an. Zuerst die Küche!"

Sie nahm eine Rolle Mülltüten aus dem Koffer und begann, die verschimmelten Essensreste wegzuwerfen. Johnny stand fassungslos daneben und konnte nicht glauben, dass er einen fremden Menschen in diese Wohnung gelassen hatte. Er konnte Saskia nie wieder unter die Augen treten. Nie wieder!

„Nicht grübeln, arbeiten!" Saskia hielt ihm einen Müllsack entgegen. Wie ferngesteuert warf

Johnny alte Pizzakartons und kaputtes Geschirr hinein und leerte die Aschenbecher aus.

„Du rauchst aber viel", meinte Saskia.

„Eigentlich nur, wenn ich betrunken bin."

„Na, dann kannst du ja auch bald mit dem Rauchen aufhören", sagte Saskia fröhlich.

Johnny sah sie zweifelnd an. „Glaubst du echt, dass ich das packe? Das mit dem Alkohol, meine ich."

„Klar", sagte Saskia überzeugt. „Wenn du es wirklich willst. Und wenn du dir Hilfe holst. Ohne professionelle Hilfe schaffst du es nicht, Johnny. Und ich meine damit nicht nur das Saufen, sondern vor allem die Sache mit deinen Schuldgefühlen."

„Mit meinen Schuldgefühlen stimmt etwas nicht", sagte er, und brachte sie damit schon wieder zum Lachen.

Die beiden arbeiteten schnell. Es dauerte nicht einmal eine Stunde, bis sie die ganze Küche vom Müll befreit und die vollen Tüten in den Container geworfen hatten.

„Pause?", schlug Johnny vor.

„Nichts da", sagte Saskia energisch mit einem Blick auf die Uhr. „Es ist gleich acht. Eine Stunde bleibe ich noch, dann muss ich nach Hause. Ich will noch die erste Ladung von deinen Klamotten waschen und dann muss ich ins Bett. Ich will morgen ja nicht zu spät zur Schule kommen."

Johnny schüttelte verständnislos den Kopf. „Warum tust du das für mich?", fragte er.

Saskia dachte nach. „Du hast Schuldgefühle, ich habe Schuldgefühle", sagte sie dann. „Meine Eltern sind stinkreich, aber sie machen mit ihrem Geld nichts Sinnvolles. Sie glauben wirklich, dass sie sich das Glück kaufen können, und behalten deshalb jeden Cent für sich. Falls das Glück mal teurer wird. Oder was weiß ich, warum."

„Und was hast du damit zu tun?"

„Das fragst ausgerechnet du?!" Saskia lachte. „Komm, lass uns weitermachen. Du fängst schon mal mit dem Abwasch an und ich nehme mir das nächste Zimmer vor. Du darfst entscheiden, welches – das Schlafzimmer oder das Wohnzimmer?"

„Das Wohnzimmer", antwortete Johnny wie aus der Pistole geschossen. Er hatte zwar keine Ahnung, wie es dort aussah, aber so heftig wie im Schlafzimmer konnte es auf gar keinen Fall sein.

„Alles klar", sagte Saskia, schnappte sich die Rolle Mülltüten und ging damit ins Wohnzimmer.

Drei Sekunden später gellte ein mörderischer Schrei durch die kleine Wohnung!

Johnny ließ vor Schreck einen Teller fallen, der in tausend Stücke zerbrach. Er wollte ins Wohnzimmer eilen, doch seine Füße gehorchten ihm nicht. Wie gelähmt, mit offenem Mund und weit aufgerissenen, starren Augen, blieb er in der Küche stehen. Er hatte plötzlich ein schreckliches Bild vor Augen.

Saskia kam in die Küche gestürmt. „Was hast du mit deinem Meerschweinchen gemacht?!", schrie sie ihn an.

„Mümmel?", fragte Johnny tonlos.

„Ich will nicht wissen, wie es heißt, sondern was du mit ihm angestellt hast! Es ist tot! Die Kehle ist durchgeschnitten! Der ganze Käfig ist voller Blut!"

„Ja", sagte Johnny. Dann verdrehte er die Augen und sackte zu Boden. Er fiel genau auf eine Scherbe des kaputten Tellers.

Saskia war es egal, ob er ohnmächtig war oder nicht. Sie hatte genug von dem kranken Spinner!

Doch dann sah sie, dass er blutete. Sie schob mit ihrem Schuh die übrigen Scherben aus dem Weg und drehte Johnny vorsichtig auf die Seite.

Die Scherbe, auf die er gefallen war, steckte noch in seinem Oberarm. Zum Glück saß sie nicht besonders tief.

Saskia machte sich auf die Suche nach Verbandszeug, das sie tatsächlich im Badezimmerschrank fand. Sie zog die Scherbe heraus, presste ein steriles Tuch auf die Wunde und wickelte einen Verband um den Arm. Sie war gerade damit fertig, als Johnny aus seiner Ohnmacht erwachte.

„Ich habe Mümmel umgebracht", sagte er.

„Ich will davon nichts hören", sagte Saskia und Johnny nickte.

Er wusste wieder, was in der vergangenen Nacht passiert war. Als er Saskias Schrei gehört hatte, war ihm alles wieder eingefallen.

Angefangen hatte es in der *JuLeKa*. Leon hatte recht gehabt: Johnny war ausgetrickst worden. Diesmal hatte er sich nicht mit einem Gegner ein Saufduell geliefert, sondern mit zweien. Mit Zwillingen! Eineiigen Zwillingen! Nach jedem zweiten oder dritten Drink war sein Gegner vor die Tür gegangen, um zu rauchen, und an seiner Stelle war sein Bruder wieder hereingekommen. Es war also kein Wunder, dass Johnny diesmal als Erster ziemlich hinüber war.

Nachdem er seine Niederlage eingestanden und versprochen hatte, die Zeche zu bezahlen, waren die Zwillinge gemeinsam in der Kneipe aufgetaucht und hatten sich auch noch über ihn lustig gemacht. Und die ganze Kneipe mit ihnen! Johnny war so wütend geworden wie noch nie zuvor in seinem Leben. Er hatte eine Flasche genommen, sie zerschlagen und damit die Zwillinge bedroht. Doch darauf schienen die beiden nur gewartet zu haben. Sie packten ihn, schleiften ihn nach draußen auf die Straße und nahmen ihn fürchterlich in die Mangel.

Schwer angeschlagen war Johnny nach Hause getorkelt. Er hatte sich in der Kneipe eigentlich immer wohl gefühlt. Die Leute dort waren so etwas wie seine Familie gewesen. Doch nun musste er feststellen, dass er sich getäuscht hatte und sie ihn nicht besonders gut leiden konnten. Wahrscheinlich gefielen ihnen seine Saufduelle nicht …

Johnny begriff, dass er sich nie wieder in der *JuLeKa* blicken lassen konnte. Auch in die anderen Kneipen brauchte er nicht mehr zu gehen, wenn sich die Geschichte erst einmal herumgesprochen hatte. Seine Wut war immer größer geworden.